KOCHEN MIT
HAMED HUMMUS UND FATIMA FALAFEL

Geschichten und Lieblingsrezepte von Kindern
aus Syrien, Afghanistan, Irak und Iran

EDITION ESSPAPIER – BÜCHER ZUM GENIESSEN

Christine Grabner   Mahmoud Al Ahmad   Hirsa Navid

unter Mitarbeit von Salwa   Ibrahim   Ritaj   Mahdi   Mohammad
Muhadesa   Fatima   Mohammad   Mayad   Shana

KOCHEN MIT
HAMED HUMMUS UND FATIMA FALAFEL

Geschichten und Lieblingsrezepte von Kindern
aus Syrien, Afghanistan, Irak und Iran

BÜCHER ZUM GENIESSEN

EDITION
ESSPAPIER

Impressum

© *Oktober 2016 Edition Esspapier*
www.editionesspapier.com

in Kooperation mit Unity – Verein zur Förderung
von Kultur und Integration von Flüchtlingen

Idee und Kinderporträts
Christine Grabner

Konzept und Produktion
Christine Grabner, Roland Ferrigato, Jürgen Ehrmann

Rezepte
Hirsa Navid, Mahmoud Al Ahmad, Suhaib Zidan

Bildquellen
Roland Ferrigato (Event-, Porträt- und Rezeptfotos)
www.rolandferrigato.net

fotolia (amovitania: Muster Umschlag und Innenteil;
Ruslan Olinchuk: Karte S. 21)

Druck
Kurz Druck
www.kurz-druck.at

Deutsche Nationalbibliothek – CIP-Einheitsaufnahme
Die Deutsche Nationalbibliothek verzeichnet diese Publikation in der
Deutschen Nationalbibliografie; detaillierte bibliografische Daten sind
im Internet über http://dnb.ddb.de abrufbar.

Printed in Austria

ISBN 978-3-9503791-3-6

Alle Angaben in diesem Werk wurden sorgfältig recherchiert und ge-
prüft. Für deren Richtigkeit kann jedoch keinerlei Haftung übernommen
werden. Für Hinweise und Anregungen sind wir jederzeit dankbar. Bitte
richten Sie diese an: office@editionesspapier.com.

Inhalt

Ein paar Worte vorweg

Es ist jetzt schon mehr als ein Jahr her, dass die erste große Welle an Menschen aus verschiedenen orientalischen Ländern uns erreicht hat. Und noch immer gibt es viele Berührungsängste und Unsicherheiten, wie man miteinander umgehen soll – oder es fehlt schlicht die Gelegenheit einander kennenzulernen.

Dieses ganz spezielle Koch-Lese-Buch soll Lust auf eine solche Begegnung machen. Denn gerade die Jüngsten machen es uns vor: Sie haben oft schon vor den Eltern Freunde und Freundinnen aus der jeweils anderen Kultur. Sie spielen gemeinsam Fußball oder andere Spiele im Park nebenan. Und die neue Spielkameradin aus dem Irak sitzt dann ganz selbstverständlich mit am Tisch, wenn es zur Nachmittagsjause Gugelhupf und Ribiselsaft gibt.

Durch meine journalistische Tätigkeit habe ich viele Kriegsvertriebene kennengelernt. Einige davon sind inzwischen zu lieben Freunden und Freundinnen geworden. Gemeinsam mit ÖsterreicherInnen veranstalten wir immer wieder Benefizabende. Aus dieser multikulturellen Initiative ist inzwischen der Verein »Unity« hervorgegangen. Immer stehen die Musik, das Kochen und Essen im Mittelpunkt. Das verbindet und braucht keine oder nicht viel Übersetzung. Kinder sind bei diesen Treffen immer mit dabei, die größeren helfen auch beim Kochen.

Das Kochbuch soll diesen Spaß und die Freude am orientalischen Essen vermitteln. Einiges ist kinderleicht nachzukochen. Manches erfordert mehr oder weniger Hilfe von Erwachsenen. Für die Auswahl der Gerichte haben wir die Kinder nach ihren Lieblingsrezepten gefragt. Und haben auch ein bisschen was über sie, ihre Gewohnheiten und Wünsche erfahren.

Viele Kinder haben durch Krieg und Gewalt Schreckliches erlebt, ihnen nahestehende Menschen verloren. Umso mehr braucht es schöne Momente. Das Essen vertrauter Gerichte ist ein Stück alter Heimat und vermittelt neue Sicherheit und Geborgenheit. Und last, but not least ist die orientalische Küche eine großartige Bereicherung und setzt neue Akzente für den hiesigen Speiseplan.

Wir wünschen viel Spaß und Erfolg beim Nachkochen.

Christine Grabner
im Oktober 2016

Das Team

Christine Grabner ist Kärntnerin und arbeitet als ORF-Redakteurin bei »Am Schauplatz«. Die Wahlwienerin ist Mitinitiatorin des interkulturellen Projekts »Taste of Syria«. Daraus hervorgegangen ist »Unity«, ein Verein zur Förderung von Kultur und Integration von Flüchtlingen.

Mahmoud Al Ahmad, selbst Vater von sechs Kindern, stammt aus Raqqa im Osten Syriens und wohnt nun in Wien. Er arbeitete im Gastrologistikmanagement für Großkonzerne, ist ein leidenschaftlicher Koch sowie Grillmeister und engagiert sich in der ehrenamtlichen Initiative »Taste of Syria«.

Hirsa Navid ist in zwei Kulturen aufgewachsen; sie lebt in Wien. Sehr schnell hat die gebürtige Perserin ihre Leidenschaft für die orientalische Kultur und Küche entdeckt. Den Schwerpunkt ihrer Kochkurse hat Hirsa auf Gewürze, die persische, libanesische, marokkanische, ägyptische und südindische Küche gelegt.

Roland Ferrigato ist in Bozen geboren, lebt in Wien sowie Italien und arbeitet seit 1996 als freier (Food-)Fotograf für À la Carte und Falstaff. Er betreute u. a. das Buch »Mediterraneo – Eine kulinarische Reise durch Süditalien« von Elisabetta de Luca.

Jürgen Ehrmann ist Schwabe und arbeitet seit 1993 in der Verlagsbranche. Er lebt in Niederösterreich und hat als Verleger der Edition Esspapier bereits im Herbst 2015 mit 12 syrischen Asylwerbern das erfolgreiche Buchprojekt »Zu Gast bei Freunden. 12 Geschichten und Rezepte aus Syrien« publiziert.

Taste of Orient – mehr als 1001 Köstlichkeiten von Hirsa Navid

Wenn man, wie ich, aus dem Orient kommt oder eine biografisch bedingte Beziehung dazu hat, fällt es nicht leicht, die orientalische Küche in einigen wenigen Sätzen zu beschreiben. Einerseits weil so viele Länder zum Orient zählen und andererseits die verschiedenen Küchen so mannigfaltige Akzente aufweisen und sehr vielfältig sind.

Will man eine grobe Einteilung treffen, könnte man die nordafrikanischen Staaten zu einer Region zusammenfassen, wobei Ägypten eine Sonderstellung einnimmt. Eine weitere Region sind sicher die arabischen Golfstaaten, die sogenannten Khaleej-Staaten. Auf der anderen Seite des Persischen Golfs folgt die persische Küche, die aufgrund ihres Alters ebenso einen speziellen Platz im Mittleren Osten einnimmt.

Eines der Grundnahrungsmittel im Iran ist Reis, für den jeder persische Koch und jede persische Köchin ein umfangreiches Rezeptangebot bereithält. Zwei Zubereitungsarten werden dabei unterschieden: die Chelou- und die Polo-Methode. Beide Zubereitungsarten sind anfangs zwar ähnlich, der große Unterschied liegt in der Art des Servierens. Man kann sagen, dass Chelou gedünsteter und anschließend ge-

butterter Reis ist. Aber es existieren zu diesem Thema mindestens so viele Meinungen und Definitionen wie es Perser auf der Welt gibt. Chelou wird grundsätzlich zu Grillgerichten serviert. Polo bezeichnet entweder »gemischten Reis« (z. B. Zereschk Polo, s. S. 60) oder einen, der mit einer Beilage gegessen wird. Anders als in Europa ist Reis in dieser Region ein Hauptgericht.

Die Art des persischen Reiskochens ist einzigartig. Ich kenne kein anderes Land, in dem man Reis zweimal kocht; außer ein paar Regionen in Afghanistan. Perser mögen körnigen Reis. Man sollte jedes einzelne Reiskorn zählen können, und es sollte so lang wie möglich sein. Deshalb wird ausschließlich sogenannter Basmatireis verwendet – er wird je nach Sorte für einige Zeit eingeweicht und danach in viel Wasser gekocht – vergleichbar mit Nudeln. Danach seiht man den Reis ab und lässt ihn ein zweites Mal dämpfen (s. Anleitung S. 9).

Man verwendet in der persischen Küche viele frische Kräuter wie Dille, Petersilie, Koriander, Bockshornkleeblätter, Lauch und einige mehr. Diese verfeinern sehr häufig Eintöpfe, die man als Beilage zum Reis reicht. Als Vorspeise gibt

Fortsetzung S. 10

Die persische Zubereitung von Chelou-Reis

Chelou bedeutet, dass der Reis als Hauptgericht serviert und deshalb separat gekocht wird. Typische Chelou-Gerichte sind Khoreschts und Kababs. Im Unterschied dazu kann Reis auch mit weiteren Zutaten gekocht werden, diese Gerichte werden dann Polo genannt.

So gelingt Ihr Chelou-Reis ganz sicher:

1 Für 4 Portionen benötigt man je nach Sorte 400 bis 500 g Reis. Um zu verhindern, dass der Reis klebrig wird, spült man ihn vor dem Kochen gründlich ab. Dazu in lauwarmem Wasser, das man dann abgießt, schwenken. Diesen Vorgang 5- bis 6-mal wiederholen.

2 Den gewaschenen Reis in einen Topf mit heißem Salzwasser geben. Wichtig ist, dass der Reis einige Zentimeter mit Wasser bedeckt ist. Dann den Reis darin bei mittlerer Hitze und ohne Deckel 7 Minuten kochen (von der Reissorte abhängig, manche Basmatisorten brauchen 15 Minuten). Anschließend in einem Sieb mit kaltem Wasser abspülen. Der Reis ist jetzt noch nicht ganz weich, sondern hat noch einen leicht körnigen Biss. Das Wasser gut abtropfen lassen.

3 In einen weiteren Topf 3 EL Öl gießen, den Reis zufügen. Mit dem Stiel eines Kochlöffels mehrere Löcher in den Reis drücken, sodass sich später die Hitze gleichmäßig im Topf verteilen kann. Der Reis soll zur Mitte hin kegelförmig erhöht sein. Ungefähr 100 ml Wasser dazugießen (beim Reiskocher nicht notwendig) und den Topf mit einem Geschirrtuch umwickelten Deckel gut verschließen; dadurch wird verhindert, dass das verdunstete Wasser in den Topf zurücktropfen kann. Den Deckel während der Kochphase nicht abheben, da sonst der Dampf entweicht.

4 Bei kleinster Hitze den Reis je nach Sorte 45 bis 60 Minuten dämpfen. Nach dieser Zeit hat sich am Boden des Topfes eine knusprige Reisschicht – das Tahdig – gebildet. Ist der Reis perfekt gelungen, dann hat diese Schicht eine goldbraune Farbe. Sollte der Reis nach 60 Minuten noch nicht ganz weich sein, gibt man weitere 100 ml Wasser dazu und lässt das Ganze nochmals circa 30 Minuten dämpfen.

5 Zum Servieren den Topfdeckel abnehmen, eine Platte oder großen Teller umgekehrt auf den Topf legen und den Reis herausstürzen. Damit sich das Tahdig leichter vom Topfboden löst, diesen in kaltes Wasser tauchen. Das in mehrere Stücke zerbrochene Tahdig um den Reis herumlegen und diesen mit Safran garnieren.

es verschiedene Joghurtgerichte mit diversen Brotsorten. Und verschiedene Küchlein mit Eiern runden die Vorspeisentafel ab (s. Kuku Sabzi S. 12).

Zu allen Speisen wird eine Beilage aus gemischten Kräutern (Sabzi) – meist Petersilie, Schnittlauch, Basilikum – und rohen Zwiebeln gereicht, die man selbst mit Öl, Zitronensaft und Knoblauch würzen kann. Im privaten Bereich verbreitet sind sauer eingelegte Gemüse – sie werden Torschi genannt. Diese Art der Mixed Pickles sind auch in der Türkei, in Afghanistan, Pakistan sowie in Indien bekannt und beliebt. Eine weitere sehr verbreitete Beilage ist Mast-o-Khiar (bedeutet übersetzt Joghurt und Gurke). Joghurt wird mit klein geschnittenen Gurken vermischt und mit getrockneter gehackter Minze sowie eventuell mit Sultaninen gewürzt. Dieser Dip schmeckt zu fast allen Hauptgerichten (s. S. 12).

Als Nachspeise werden gerne herrlich zubereitete Eissorten gereicht, aber auch frisches Melonen- und Pfirsichkompott, Rhabarbersorbet oder generell frisches Obst. Dabei ist es mitunter üblich, sich die Früchte vom Gastgeber schälen zu lassen. Jede Stadt hat ihre eigenen Spezialitäten und eine reichhaltige Auswahl an Süßigkeiten. Zu besonderen Anlässen wie Noruz (persisches Neujahr) oder Hochzeiten und anderen Gelegenheiten werden in Persien wunderbare Desserts wie Baklava (s. S. 70), Halwa oder auch Shole Zard – ein Safranreispudding (s. S. 78), Kekse und Kuchen serviert.

Zu den Hauptgerichten werden meist Wasser oder selbst hergestellte Obstsäfte getrunken. Das Wasser ist in den Städten der Bergregionen trinkbar und steht reichlich zur Verfügung. Zum Frühstück oder zu der in Europa üblichen Kaffeezeit oder nach einem Essen wird Tee (Tschai) serviert. Im Sommer trinkt man gerne Dugh – ein kühles Getränk, das aus Wasser und Joghurt hergestellt und mit Salz und Minze gewürzt wird; es ist mit dem türkischen Ayran oder dem indischen Salzlassi vergleichbar.

Auch wenn ich mich hier aus Platzgründen sehr beschränken muss – eines der ältesten persischen Gerichte darf auf keinen Fall unerwähnt bleiben: Asch. Die Konsistenz dieses traditionsreichen Gerichts liegt irgendwo zwischen Eintopf und Suppe; kurz gesagt eine dicke Suppe eben. Asch ist ein sehr volkstümliches

Gericht und genießt einen hohen Stellenwert, was schon durch seinen Namen zum Ausdruck gebracht wird. Das Wort für »Koch«, persisch Ashpaz, bedeutet wörtlich übersetzt: Jemand, der Ash kocht. Und die »Küche«, persisch Ashpazkhaneh, ist ein Ort, an dem Ash gekocht wird. Tatsächlich ist diese dicke Suppe sozusagen ein Arme-Leute-Essen, dessen verschiedene Arten vom geografischen Ort und den verfügbaren Zutaten abhängen. Es kann sehr einfach und preiswert gekocht werden, aber die unterschiedlichen Gewürzvariationen machen es zu einem sehr nahrhaften Gericht.

Shiraz – Ein Bild sagt mehr als 1001 Worte. Die Region um Shiraz ist nicht nur aus historischen Gründen sehr interessant: In unmittelbarer Nähe befindet sich Persepolis, eine der Hauptstädte des antiken Perserreichs, gegründet um 520 v. Chr. Das Gebiet ist unter anderem für seine Rosensorten, die hier besonders gut gedeihen, und die zauberhafte Gartenkultur bekannt. Noch dazu wurden Hafez und Saadi, zwei der berühmtesten persischen Dichter, dort geboren. Nach der Gegend wurde auch eine edle Weinrebe benannt, die in vielen Ländern als Syrah bekannt ist. Durch die tolle Blumen- und Gartenkultur ist die regionale Küche

optisch sehr ansprechend. Im Orient hat man ja grundsätzlich einen Hang zum dekorativen Anrichten, aber in Shiraz wurde es bis zu einem gewissen Grad perfektioniert, wie auf dem Bild deutlich erkennbar ist. Es sind hier zwei Salate zu sehen, ein Reisgericht, ein Tahdig (Zubereitung siehe Chelou-Reis S. 9) und

Fortsetzung S. 14

Kūkū Sabzi

– Persisches Kräuteromelett –

Dieses Gericht erinnert an eine Frittata oder ein Omelett. Die Basis sind Eier und Kräuter, die miteinander vermischt und in einer Pfanne gebraten werden. Der Kuchen kann als Hauptgericht oder Vorspeise serviert werden und wird mit Brot, einem Joghurtdip (s. folgendes Rezept) oder mit Torshi (Mixed Pickles) serviert.

Für 1 Kuchen (ca. 24 cm Ø)

2 Bund Koriander
2 Bund Petersilie
2 Bund Dill
2 Knoblauchzehen
400 g Lauch
6 Eier
Salz, Pfeffer
½ TL Kurkumapulver
½ TL Zimtpulver
¼ TL Muskatnuss
4 EL Mehl

Öl zum Backen

Mast-o-Khiar ba Gerdu

½ Salatgurke
500 g Joghurt (10 % Fett)
1 EL trockene Minze
50 g Rosinen
50 g gehackte Walnüsse
Salz, Pfeffer

evtl. 2 EL getrocknete
Rosenblätter zum Dekorieren

Zubereitung

Kräuter und Knoblauch fein hacken, Lauch ganz fein schneiden. Eier verquirlen und zu den Kräutern fügen, mit Salz, Pfeffer, Kurkuma, Zimt und Muskat würzen. Mehl unterrühren, kurz quellen lassen.

In einer großen Pfanne 2 EL Öl stark erhitzen. Etwas Teig in die Pfanne geben und circa 15 Minuten bei kleiner Hitze backen, bis die Unterseite hellbraun ist. Wenden und weitere 10 Minuten backen. Mit Joghurtdip und Fladenbrot servieren.

Für den Dip die Gurke schälen und in kleine Würfel schneiden. In einer Schüssel Joghurt anrühren, alle Zutaten untermischen, nach Geschmack salzen und pfeffern. Eventuell mit Rosenblättern garnieren.

ein Getränk namens Sekanjebin – ein erfrischender Sommerdrink, der aus 500 ml Wasser, 260 g Zucker, 4 EL getrockneter Nanaminze, 200 ml Essig und 100 ml Zitronensaft besteht. Man lässt alles gemeinsam aufkochen und dann abkühlen. Als Deko kann man kurz vor dem Servieren frische Minzeblätter und Gurkenstücke beigeben. Wer es süßer mag, verwendet einfach mehr Zucker. Natürlich kann man auch die Essigsorte variieren, dann ergeben sich fruchtigere Varianten. Die Salate bestehen aus vielen verschiedenen, bunten Gemüsesorten, die sehr fein geschnitten und dann aufwendig zu einem Bild gestaltet werden. Das nimmt sehr viel Zeit und Geduld in Anspruch. Das Ergebnis lässt sich jedenfalls sehen und ist jedes Mal einzigartig.

Die afghanische Küche hat sowohl Einflüsse aus dem Iran als auch aus der indischen Küche. Es wird auch dort sehr gerne und viel Reis verzehrt, den man Pilaw nennt, was vom persischen Wort Polo kommt. Auch hier wird vorwiegend Basmatireis verwendet – was übrigens so viel wie Duftreis bedeutet. Man isst dazu häufig Eintöpfe, das meist gegessene Fleisch ist wohl jenes vom Lamm. Ein weiteres wichtiges Nahrungsmittel ist Fladenbrot

in allen Varianten, die sich an die persischen Sorten anlehnen. Bei den Eintöpfen kann man die indischen Einflüsse gut erkennen – es sind Curry-ähnliche Gerichte, die auch sehr scharf sein können. Als Vorspeise oder Zwischengang werden zum Beispiel gerne Samosas in den unterschiedlichsten Varianten gegessen (s. S. 16). Dazu werden entweder ein Joghurtdip oder Torschi (Mixed Pickles) gereicht.

Als Nachspeisen werden Früchte oder auch Süßspeisen mit Tee serviert – auch hier ist der persische Einfluss spürbar. Bei diversen Gerichten wie beispielsweise Biryani (s. S. 50) merkt man den Einfluss der indischen Küche, wobei das Spannende an diesem Gericht ist, dass es von den Persern (»Parsis« werden sie in Indien genannt) vor Jahrtausenden nach Indien gebracht wurde und somit eigentlich auch persisch ist. Aber das sei mit einem Augenzwinkern und bloß am Rande erwähnt.

Das zweite Themengebiet im Nahen Osten ist die Küche Syriens und des Irak. Syrien bildete im Laufe seiner langen Geschichte eine Einheit mit Palästina und dem Libanon; deshalb sind die Küchen dieser Länder auch unter dem Begriff »levantinische Küche« bekannt. Manchmal wird darunter auch die türkische Küche subsumiert, grundsätzlich meint man aber damit die Küche des Nahen Ostens.

Zum Frühstück trinkt man in Syrien meistens Tee oder arabischen Kaffee mit Kardamom, dazu isst man diverse Fladenbrote mit Schafkäse. Sollte man ein warmes Frühstück bevorzugen, gibt es zum Beispiel Ful (braune Favabohnen) in den verschiedenen Rezepturen oder Falafel (s. S. 19). Auch verschiedene Omelettes sind beliebt.

Als Vorspeise füllt man gern diverse Gemüsesorten wie etwa Melanzani oder Zucchini, aber auch die berühmten gefüllten Weinblätter werden hier gerne gereicht, an denen man sich nicht satt essen kann (s. S. 46). Bei der Zubereitung hilft oft die ganze Familie. Dabei werden dann die neuesten Geschichten ausgetauscht und so auf unterhaltsame Weise das Essen zubereitet. Denn nicht nur das Essen, sondern auch das Kochen der diversen Speisen und Gerichte ist im Orient sehr unterhaltsam und eine gesellige Tätigkeit. Eine weitere beliebte Vorspeise sind die verschieden gefüllten Böreks, die man auch aus der türkischen Küche kennt (s. S. 30). Der berühmte Yufka-Teig lässt

sich mit Spinat, Käse oder Faschiertem füllen. Auch dürfen die inzwischen bei uns bekannte Gewürzmischung Za'atar oder das sogenannte »7-Gewürz« (arabisch Saba Baharat), das vor allem durch seine pfeffrige, zimtige Note besticht, nicht fehlen.

Mezze sind, ähnlich den spanischen Tapas oder den italienischen Antipasti, kleine Happen, die als Vorspeise oder zu einem Getränk serviert werden. Sie können aus einfachen Dingen wie Hummus (s. S. 19) und Brot, aber auch aus allerlei mariniertem Gemüse, gegrilltem Fleisch und Geflügel, eingelegtem Fisch und verschiedenen Salaten bestehen. Hülsenfrüchte, wie Bohnen oder Kichererbsen, sind oft die Basis für eine gute Suppe. Dazu wird (Fladen-)Brot, gereicht, das nicht nur als Sättigungsbeilage, sondern auch als Besteckersatz dient.

Nicht zu vergessen der allseits berühmte Petersiliensalat – Tabbouleh – der eine sehr frische Note auf den Teller zaubert. Hierfür 50 g Bulgur in 100 ml heißem Wasser (evtl. 1 Bund Koriander hineingeben) einweichen, 300 g Petersilien- und 2 EL Minzblätter ohne Stiele fein hacken sowie 1 Jungzwiebel und 300 g Tomaten in kleine Würfel schneiden.

Fortsetzung S. 20

15

Samosas

– Gefüllte Teigtaschen –

Man füllt sie mit Gemüse, mit Reis und Kartoffeln, aber auch mit Faschiertem (Hackfleisch) oder Fisch. Samosas werden oft als Vorspeise oder Street Food, sozusagen als Schnellimbiss serviert.

Für ca. 12 Stück

500 g Kartoffeln
1 Zwiebel, geschält und fein gehackt
2 Knoblauchzehen, geschält und fein gehackt
2 Karotten, gerieben
3 EL gefrorene Erbsen
2 Chilischoten
3 TL Garam Masala
2 TL Kreuzkümmel
2 TL Koriandersamen
2 TL Kurkuma
Salz, Pfeffer
200 g Filoteig

Öl und Butterschmalz oder Ghee zum Braten und Bestreichen

Zubereitung

Kartoffeln in Salzwasser weich kochen. Zwiebel und Knoblauch mit den Karotten in etwas Butterschmalz glasig braten, bis sie weich sind. Die etwas abgekühlten Kartoffeln schälen, in 1 cm große Stücke schneiden und zusammen mit den Erbsen in eine Schüssel geben. Die Zwiebel-Knoblauch-Karotten-Mischung hinzufügen, vermengen und mit den Gewürzen abschmecken. Den Backofen auf 200 Grad vorheizen.

Je nach Dicke des Teigs 3 bis 4 Blätter aufeinanderlegen. Den Teig der Breite nach in 12 Streifen von je 30 cm Länge schneiden. Mit etwas Öl bestreichen. Einen gehäuften Esslöffel Füllung in die Mitte des Teigstücks legen und die Teigenden zu kleinen Dreiecken formen. Die Ränder gut andrücken.

Die Oberfläche gut mit geschmolzenem Butterschmalz einpinseln und im vorgeheizten Backofen 25 Minuten backen. Gelegentlich wenden. Dazu passen etwa Mangochutney, Minzjoghurt (s. S. 12) oder Torschi (Mixed Pickles).

Hummus

– Kichererbsenpüree –

Für 4 Portionen
250 g ungekochte oder 500 g
vorgekochte Kichererbsen
5 EL Sesampaste (Tahina)
4 gepresste Knoblauchzehen
Saft von 2 Zitronen/Limetten
Salz, Olivenöl
Oliven und Paprikapulver
zum Dekorieren

Zubereitung
Ungekochte Kichererbsen circa
6 Stunden einweichen und dann
in frischem Wasser weichkochen

(dauert circa 1 Stunde). Anschließend die Kichererbsen abseihen und die Flüssigkeit auffangen. Etwas abkühlen lassen, mit der Tahina, Knoblauch, ein bisschen Zitronensaft (nicht alles auf einmal, besser nachwürzen) und etwas Salz in den Mixer geben.

Zunächst ein Glas der aufgefangenen Kichererbsenflüssigkeit und 3 bis 4 EL Olivenöl zufügen und cremig mixen. Wenn die Konsistenz zu dick ist, ein wenig mehr von der Kichererbsenflüssigkeit dazugeben, bis eine cremige Konsistenz erreicht ist.

Auf eine tiefe Platte oder einen Teller gießen und mit Oliven und Paprikapulver dekorieren. Mit frisch gebackenem Fladenbrot genießen.

Falafel

– Frittierte Kichererbsenbällchen –

Für 25 Stück
200 g ungekochte oder 400 g
vorgekochte Kichererbsen
2 Scheiben altes Toastbrot
2 kleine Zwiebeln
5 Knoblauchzehen
½ Bund Petersilie
2 TL Korianderpulver
2 TL Kreuzkümmelpulver
Salz, Pfeffer
1 TL Speisenatron
1 TL Backpulver

Öl zum Frittieren

Zubereitung
Ungekochte Kichererbsen in einer Schüssel mit reichlich kaltem Wasser bedecken und 6 Stunden einweichen. Anschließend abtropfen lassen. Das Brot zerkrümeln. Zwiebeln und Knoblauch schälen und grob zerkleinern. Petersilie waschen und die Blättchen abzupfen. Alles in einer Küchenmaschine zerkleinern oder durch den Fleischwolf drehen.

Das Püree mit Koriander, Kreuzkümmel, Salz und Pfeffer abschmecken, mit Natron und Backpulver verkneten und circa 1 Stunde ruhen lassen. Aus dem Teig walnussgroße Bällchen formen. Das Öl zum Frittieren erhitzen und die Falafel darin portionsweise goldbraun frittieren. Dann auf einer dicken Lage Küchenpapier abtropfen lassen. Falafel können warm oder kalt genossen werden.

Dann den Bulgur herausnehmen, ausdrücken und alle Zutaten in einer Schüssel gut miteinander vermischen.

Die meisten Vorspeisen sind aufgrund ihrer »Berühmtheit« in allen orientalischen Ländern erhältlich, mittlerweile sind manche eine feste Größe – auch auf heimischen Speisekarten, ja, sie sind sogar in vielen Supermärkten erhältlich.

Als Hauptspeisen werden am häufigsten Eintopfgerichte aus diversen Fleischsorten aufgetischt – Lammfleisch wird bevorzugt, aber auch Rind und Huhn finden sich in vielen Rezepten. Dazu wird gerne Reis oder Bulgur serviert. Was bei vielen Gerichten auf keinen Fall fehlen darf, ist das Gemüse. Man verwendet auch hier gerne Kichererbsen, Melanzani oder die hierzulande ebenso bekannten Okraschoten, die Bamia genannt werden und sich sowohl im Irak als auch in Syrien großer Beliebtheit erfreuen.

Zum Abschluss eines jeden Mahls gehören Früchte, das können beispielsweise Datteln, Orangen, Granatäpfel oder Feigen sein, die man mit Orangenblütenwasser, Zimt, Man-

deln und – sehr beliebt, weil schön süß – Honig verfeinert. Ein gekühlter Minz- oder (Berg-)Salbeitee, das Nationalgetränk, runden einen syrischen Abend ab.

Die Küche des Irak besteht sozusagen aus den beiden Regionalküchen im Norden und Süden. Die nördliche orientiert sich dabei stark am Nachbarland Syrien; die südliche könnte man durchaus als eigenständiger bezeichnen. Im Irak sind viele Vorspeisen aus der levantinischen Küche sehr beliebt. Auch die gefüllten Gemüse oder Weinblätter sind häufiger Bestandteil eines Essens. Besonders ein Gericht aus Getreide (Bulgur) und Fleisch – hier Kubbe, in Syrien Kibbeh (s. S. 34) genannt – ist im Irak weitverbreitet. Eine Spezialität der irakischen Küche ist Uruq oder Ghug, eine Art Brot, für das zerkleinertes gebratenes Fleisch vor dem Backen in den Teig gegeben wird, hinzu kommen diverse Gewürze.

Ein weiteres typisches Gericht ist Tarkhina, eine Art Getreidebrei aus Bulgur, der mit Joghurt vermischt, mit verschiedenen Kräutern und Gewürzen abgeschmeckt und zum Frühstück verzehrt wird. Apropos Bulgur: Während Bulgur als Essen der einfachen Küche gilt, ge-

nießt Reis im Irak einen wesentlich höheren Status. In einer Volkssage aus Mosul heißt es, im Paradies gebe es Aprikosen mit Reis zu essen, in der Hölle dagegen Bulgur mit Tomaten. In einigen Regionen wird sehr gern Fisch gegessen. Das Fischgericht Samak masquf wird sogar als Nationalgericht tituliert. Man verwendet dazu Barben und grillt sie an Stöcken am offenen Feuer, ähnlich den anderen Grillgerichten, die man aus Lamm- und Rindfleisch zubereitet und Tikka nennt. Sie werden meistens mit Reis oder Brot serviert. Als Dessert reicht man wie im restlichen Orient Früchte, Datteln und eine ganze Auswahl an Süßspeisen wie Baklava (s. S. 70) und verschiedene Kekse (Ma'amouls, s. S. 74, 76).

Gewürze – mehr als 1001 Geschmackserlebnisse

Im Orient gibt es über Gewürze ganz bestimmt mehr als 1001 Geschichten, Legenden und Anekdoten. Schon im Altertum wurden Gewürze zu verschiedenen Zwecken – zum Beispiel als Aphrodisiakum – eingesetzt. In den letzten Jahrzehnten haben die orientalischen Gewürze nun auch die europäischen Küchen erreicht. Es ist immer wieder erstaunlich, was sich mit Gewürzen zaubern lässt. Viele Hausfrauen im Orient behaupten, dass es nur auf die richtige Gewürznote im Gericht ankommt.

Gewürze können Blätter, Blüten, Rinden, Früchte, Samen oder Wurzeln von Pflanzen sein, die man als Zutat verwendet – ob ganz oder gemahlen, ob frisch oder getrocknet, ob gebraten oder ohne Öl. Gewürze enthalten ätherische Öle, die sich in Verbindung mit Hitze entfalten, meistens haben sie gesundheitsfördernde Wirkungen.

Die teuersten Gewürze sind Safran und Vanille, gefolgt von Kardamom. Safran sind getrocknete Blütenfäden, für ein Kilogramm benötigt man circa 150.000 bis 200.000 Blütenfäden, was einem Anbaugebiet von rund 2000 Quadratmetern entspricht. Diese Krokusart lässt sich nur manuell und nur etwa 3 Wochen im Jahr ernten. Dadurch entsteht der hohe Preis.

Zur Frage, ob ganze oder gemahlene Gewürze verwendet werden sollten, kann man sagen, dass es auf das Gewürz ankommt. Grundsätzlich sind ganze Gewürze zu empfehlen, wie zum Beispiel Kreuzkümmel, Koriander, Senfsamen, Fenchel, Nelken etc. Es gibt aber Mischungen, die man immer im Haus haben sollte; dazu gehören Ras el Hanout oder die arabische »7-Gewürzmischung«. Die Hauptbestandteile sind Pfeffer, Koriander, Nelken, Kreuzkümmel, Kardamom, Muskat und Zimt – diese Mixtur kommt in vielen orientalischen Rezepten vor.

Ras el Hanout bedeutet wörtlich übersetzt »Kopf des Ladens«. Damit meint man die beste Mischung des Gewürzhändlers, die bis zu 40 Einzelgewürze beinhalten kann. Daher ist die Variationsbreite auch recht groß. Mittlerweile bekommt man die Gewürzkombination nicht nur in Orientshops, sondern auch im ausgesuchten Lebensmittelhandel. Ein Rotstich ist ein Indiz auf eine gewisse Schärfe, ein Gelbstich deutet auf mehr Kurkuma hin, und sollte ein brauner Farbton überwiegen, kann man von einem hohen Pfeffer- oder Zimtanteil ausgehen. Auch diese Mischung kommt sehr oft in orientalischen Rezepten vor und lässt sich vielfältig einsetzen.

Lieblingsspeisen
Salat, Obst, Kibbeh
Lieblingsbeschäftigungen
Inlineskaten, lernt gerade Rad fahren
Lieblingstier
Eichhörnchen
Lieblingsfarbe
Lila

SHANA MOHAMAD

Shana (8) ist das zweitjüngste von fünf Geschwistern. Ihre Familie ist kurdischer Abstammung und lebt seit mehr als einem Jahr in Österreich. In Wien haben die Mohamads bereits eine eigene kleine Wohnung bezogen. Geboren wurde Shana in Qamischli, einer Stadt im Nordosten Syriens, an der Grenze zur Türkei. Der Vater hat dort als Baumeister gearbeitet, die Mutter war zu Hause bei den Kindern.

Shana geht gern in die Schule, über freie Tage und Ferien ist sie manchmal richtig traurig: »Weil es so schön dort ist und ich viele Freunde habe«, sagt sie. Die Familien ihrer Freundinnen und Freunde haben oft Wurzeln in Polen, Bosnien oder der Türkei. Für sie ist es ganz normal, Kinder aus der halben Welt zu kennen.

Ihre ältere Schwester sagt, dass Shana eine gute Schülerin sei und beschreibt die 8-Jährige als quirlig, lebhaft und ein bisschen ungeduldig: »Bei ihr muss immer alles schnell gehen.« Dabei sei sie aber sehr hilfsbereit und nett.

Nach Wünschen und Vorlieben muss man Shana nicht lange fragen, da fällt ihr sofort eine ganze Menge ein. Wenn sie groß ist, möchte sie am liebsten als Tierärztin arbeiten, sagt sie. Außerdem ist Shana fasziniert vom Ballett. Zu Hause übt sie oft selber vor dem Spiegel. Dann hält sie sich irgendwo fest und probiert auf den Fußspitzen zu stehen. Einer ihrer Träume ist es, bald professionellen Tanzunterricht zu nehmen. »Kochen will ich auch lernen«, erzählt Shana weiter. Derzeit hilft sie vor allem dem Vater beim Einkaufen und Tragen von Lebensmitteln.

Kibbeh

– Gefüllte Bulgurlaibchen –

Diese Fleischlaibchen mit einer Hülle aus Faschiertem und Bulgur sind im arabischen Raum weitverbreitet. Chrakteristisch ist ihre Eiform.

Für ca. 25 Stück

Hülle
500 g mageres Rinds-
faschiertes (Rinderhack)
500 g Bulgur
1 EL Salz
2 EL Kreuzkümmel
½ EL Pfeffer
Schale von 1 Orange
1 große, Zwiebel,
klein geschnitten

Fülle
750 g Lammfaschiertes
2 große Zwiebeln, gehackt
Pinienkerne oder Walnüsse
Salz, Pfeffer
evtl. 2 EL Granatapfelsirup
(sauer)

Öl zum Frittieren

Zubereitung

Für die Hülle Rindfleisch und Bulgur mit Salz, Kümmel, Pfeffer, Orangenschale sowie Zwiebel und circa 2 Tassen Wasser in einer großen Schüssel vermischen und in der Küchenmaschine pürieren oder durch den Fleischwolf lassen. Wenn die Mischung zu trocken ist, immer wieder etwas Wasser dazugeben. Die Masse kneten, bis ein fester Teig daraus geworden ist.

Für die Fülle das Lammfleisch mit den gehackten Zwiebeln anbraten. Pinienkerne oder gehackte Walnüsse dazugeben und mit Salz und Pfeffer abschmecken. Das Ganze 5 bis 10 Minuten braten, dann zum Abkühlen beiseitestellen. Wer mag, kann Granatapfelsirup dazumischen.

Aus dem Fleischteig ein walnussgroßes Bällchen formen und mit dem (Zeige-)Finger vorsichtig aushöhlen. Je dünner die Teigschicht dabei wird, umso besser. Sie darf aber nicht reißen. In die Öffnung kommt etwas von der Lammfülle, sodass die Hülle nicht ganz voll ist und noch gut mit dem Fleischteig umschlossen werden kann. Nach dem Schließen die Kibbeh in die traditionelle ovale Form bringen.

Die fertigen Kibbeh in reichlich Öl frittieren, bis diese eine schöne braune Farbe angenommen haben.

Lieblingsspeisen
Fisch im Ofen, Kebab
Lieblingsbeschäftigungen
laufen, Skateboard fahren
Lieblingstiere
Hase, Nashorn
Lieblingsfarben
Rot, Schwarz

MAYAD AL AHMAD

Mayad (10) ist das jüngste von fünf Kindern aus der Familie unseres syrischen Kochs Mahmoud. Er scheint das sonnige und gemütliche Temperament des Vaters geerbt zu haben. »Mir gefällt hier in Österreich einfach alles!«, sagt er. Mayad liebt es zu essen. Vor allem die syrischen Gerichte, die zu Hause auf den Tisch kommen, schmecken ihm immer. Österreichische Freunde und Spielkameradinnen hat Mayad schon viele gewinnen können.

Die gesamte Großfamilie musste aus der ostsyrischen Stadt Raqqa flüchten. Der väterliche Teil lebt in Deutschland, die Angehörigen der Mutter sind in Wien gelandet. Vater Mahmoud war zuvor im Gastrologistikmanagement für Großkonzerne in Saudi Arabien, Dubai, Doha und Rumänien tätig. Er hat also einiges von der Welt gesehen, auch von Europa.

Schon vor mehr als einem Jahr haben alle Asyl erhalten und leben in einer Wohnung im 2. Wiener Gemeindebezirk. »Unsere direkten Nachbarn sind jüdischen Glaubens und wir Muslime. Das Schöne hier ist, dass alle friedlich zusammenleben können, egal, wie es in der Weltpolitik leider gerade zugeht«, sagt Mahmoud. In Zukunft müssen die Al Ahmads näher zusammenrücken. Mayad hat gerade ein Geschwisterchen bekommen, über das sich die ganze Familie sehr freut.

Fisch im Ofen

Fisch wird in Syrien nur selten zubereitet und ist nur in Küstennähe eine ausgesprochene Spezialität.

Für 4–6 Portionen

1 Fisch im Ganzen
(2 ½–3 kg, z. B. Barbe)
10 Knoblauchzehen, zerkleinert
Saft von 2 Zitronen
je 25 g Salz und Paprikapulver
Pfeffer, evtl. Chilipulver
25 g Korianderpulver
4 Lorbeerblätter im Ganzen
150 ml Öl

Öl zum Fetten der Form

Zubereitung

Aus den genannten Zutaten eine Marinade bereiten und den Fisch innen und außen damit bestreichen. Die Lorbeerblätter auf den Fisch legen.

Damit die Gewürzmischung besser einziehen kann, den Fisch in Alufolie wickeln und am besten 24 Stunden zugedeckt im Kühlschrank ruhen lassen.

Die Lorbeerblätter entfernen und den Fisch gut abtropfen lassen. In ein mit Öl ausgefettetes Blech legen, in den vorgeheizten Backofen schieben und bei circa 200 Grad etwa 40 Minuten backen, bis der Fisch eine goldbraune Farbe angenommen hat. Hin und wieder wenden und eventuell mit der Gewürzmischung bepinseln. Dazu serviert man Reis.

Lieblingsspeise
Ritaj: alles mit Reis
Mahdi: Dolma
Mohammad: Biryani

Lieblingsbeschäftigung
Ritaj: Rad fahren, Karten spielen
Mahdi: Fußball spielen
Mohammed: Fußball spielen

Lieblingstier
Ritaj: Hase
Mahdi: Giraffe
Mohammad: Löwe

Lieblingsfarbe
Ritaj: Grün
Mahdi: Weiß
Mohammad: Rot

von links: Mahdi, Ritaj, Mohammad

RITAJ, MAHDI UND MOHAMMAD REFQI

Die Geschwister kommen aus der Hauptstadt des Irak, aus Bagdad. Sie leben seit rund einem Jahr in Wien. Als wir die Familie kennenlernten, wohnte sie noch in einer Flüchtlingsunterkunft und hatte keine Möglichkeit selbst zu kochen, was allen sehr fehlte. Inzwischen haben sie mit Unterstützung engagierter Helferinnen und Helfern eine kleine Wohnung gefunden.

Zu Hause war das wichtigste Essen immer zu Mittag, wenn die Älteren hungrig von der Schule gekommen sind. Danach machten alle eine längere Siesta, weil Temperaturen von 40 Grad tagsüber normal sind (die Klimaanlage hat durch die ständigen Stromausfälle so gut wie nie funktioniert). Am Abend gab es dann nur noch kleine Snacks. Alle essen gerne Reisgerichte und gefülltes Gemüse. Von der österreichischen Küche kennen sie noch nichts.

Vor allem die beiden Buben, Mahdi (10) und Mohammad (7), haben von Beginn an Kontakte außerhalb der Flüchtlingsunterkunft geschlossen, weil sie gerne mit anderen Fußball spielen. Die kleine Schwester Ritaj (5) fährt oft mit dem Rad und spielt gerne Karten. Manchmal darf sie auch mit Mamas Schminksachen hantieren. Außerdem ist sie die einzige der Geschwister, die gern beim Geschirrabwaschen hilft. Die Buben eifern eher dem Vater nach. Der ist in der Küche normalerweise vor allem fürs Teekochen, Eierspeismachen oder Grillen zuständig.

Für ihre Zukunft haben die Geschwister große Pläne: Der älteste, Mahdi, will als Architekt arbeiten, Mohammed könnte sich vorstellen, Polizist zu sein, und Ritaj möchte als Lehrerin später Kinder unterrichten.

Seit sie in ihren eigenen vier Wänden wohnen, versuchen alle einhellig die Eltern zu überreden, ihnen einen Hund zu kaufen. »Fast alle Kinder in Österreich haben schließlich einen«, davon sind sie überzeugt.

Dolma

– Gefülltes Gemüse (Paprika,
Zwiebeln, Tomaten oder Zucchini) –

Gefülltes Gemüse gibt es in vielen orientalischen Ländern. Die irakische Varian-
te ist besonders geschmacksintensiv. Außerdem werden bei diesem Rezept alle
Gemüsesorten gemeinsam in einem großen Topf geschmort.

Für 4–6 Portionen

Füllung
1 kg Rundkornreis
500 g Faschiertes vom Rind
oder Lamm (Hackfleisch)
2–3 EL Tomaten, passiert
2–3 Knoblauchzehen, gehackt
1 Zwiebel, fein geschnitten
das herausgeschnittene
Fruchtfleisch der Auberginen
und Zucchini
3 EL Öl
3 EL Juma-Gewürzmischung
2 EL Salz
weißer und schwarzer Pfeffer
2 EL Zitronensaft
2 EL Granatapfelsirup (sauer)
1 Bund Petersilie, fein geschnitten

Gemüse
3 Zwiebeln, 6 Auberginen
8 kleine Zucchini, 6 kleine grüne
türkische Paprika, Spitz-, Weiß-
kohl-. Mangold- und Weinblätter
6 Kartoffeln

Sauce
8 Stück Lammrippe und -hals,
in Scheiben geschnitten
1 kg dicke grüne Bohnen
500 g Tomaten, passiert
1 EL Zitronensaft
Salz, Pfeffer
Paprikapulver und Chili
nach Geschmack
3 Knoblauchzehen, gehackt

Olivenöl zum Braten

Zubereitung

Die Zwiebeln (bis auf eine) schälen und einmal bis zur Hälfte einschneiden. Kurz in heißes Wasser geben, bis die Schalen weich sind. Die Kohl-, Mangold- und Weinblätter blanchieren. Danach die Zwiebel in mehrere Hüllen teilen. Die Auberginen je nach Größe in der Mitte teilen und aushöhlen, einen Boden stehen lassen. Die Zucchini, die Kartoffeln und die Paprika ebenfalls aushöhlen. Gemüsehütchen aufheben oder lose dranlassen.

Für die Füllung den Reis gut waschen und abtropfen lassen. Mit Fachiertem, Tomatenmark, dem klein gehackten Knoblauch und der fein geschnittenen Zwiebel in einem großen Topf vermischen. Das herausgeschnittene Fruchtfleisch der Auberginen und Zucchini dazugeben. Öl (für den intensiveren Geschmack kann man es erhitzen) unterrühren, so viel die Masse aufnehmen kann. Danach Gewürze, Zitronensaft, Granatapfelsirup und Petersilie dazugeben.

Dann die Kohl- oder Weinblätter mit etwas Reismasse füllen und einrollen (eventuell einmal durchschneiden). Danach das andere Gemüse ebenso füllen. Nicht ganz voll machen, damit der Reis noch Platz zum Ausquellen hat. Die Gemüsehüte aufsetzen und wenn nötig mit Zahnstochern befestigen.

In einen großen, mit Olivenöl bestrichenen Topf die Halsscheiben und Rippen hineingeben, danach die Bohnen. Die gefüllten Gemüsehüllen darüber arrangieren, bis eine ebene Oberfläche entstanden ist. Wenn alles im Topf liegt, einen Teller, der etwas kleiner als der Durchmesser des Topfes ist, auf das Gemüse legen. Anschließend 5 bis 10 Minuten bei mittlerer Hitze leicht anbraten.

Dann kochendes Wasser (das vom Blanchieren des Gemüses übrig ist) bis etwa 1 cm unter den Tellerrand dazugießen. Mit passierten Tomaten, Zitronensaft, Salz, Pfeffer, Paprikapulver, Chili und Knoblauch vermischen, Deckel draufgeben, kurz aufkochen und circa 1 Stunde auf niedriger Stufe köcheln lassen.

Biryani

– Gebratener Reis –

Biryani ist ein herzhaftes Reisgericht, das ursprünglich aus Indien stammt. Das Gericht zeichnet sich dadurch aus, dass der Reis vor dem Garen angebraten wird; im Gegensatz zu Pilaw. Regionale und lokale Varianten sind im Mittleren Osten bis nach Südostasien verbreitet.

Für 4–6 Portionen

1–2 TL Biryani- oder 7-Gewürz-mischung oder Garam Masala
2 TL Salz
10 ganze Kardamomkapseln
4–6 Hähnchenschenkel mit Haut
600–800 g Basmatireis,
je nach Sorte
2 Zimtstangen
2 kleine schwarze getrocknete Zitronen (im Orientshop erhältlich

Dekoration

3 Karotten
Mandeln, Pinienkerne, Rosinen, Zitronenscheiben, Paprikapulver, schwarzer Pfeffer aus der Mühle

Zubereitung

Basmatireis gut waschen und circa 40 Minuten in Wasser einweichen. Währenddessen ungefähr 3 Liter Wasser zum Kochen bringen, die Gewürze dazugeben und verrühren. Das Fleisch in das kochende Wasser geben. Nach etwa 1 Stunde, wenn das Fleisch die Gewürzaromen ausreichend aufgenommen hat, die Hühnerteile in den vorgeheizten Ofen geben und bei 200 Grad 20 bis 30 Minuten knusprig braten.

Den Reis nochmals waschen und ein paar Minuten trocknen lassen. Dann mit den Mandeln anrösten und in den Topf mit dem köchelnden Gewürzsud geben, in dem zuvor das Fleisch gegart wurde. Noch etwas salzen und bei geschlossenem Deckel 30 Minuten köcheln (nach 10 Minuten die Temperatur reduzieren).

Danach Reis und Huhn anrichten. Man kann kurz vor dem Servieren klein geraspelte Karottenstifte unter den Reis heben. Zur Dekoration eignen sich geröstete Mandeln, Pinienkerne und Rosinen und/oder Zitronenscheiben (auch die schwarzen Zitronen aus dem Sud, den Saft kann man dann über das Essen träufeln), Petersilie, Paprikapulver und schwarzer Pfeffer aus der Mühle.

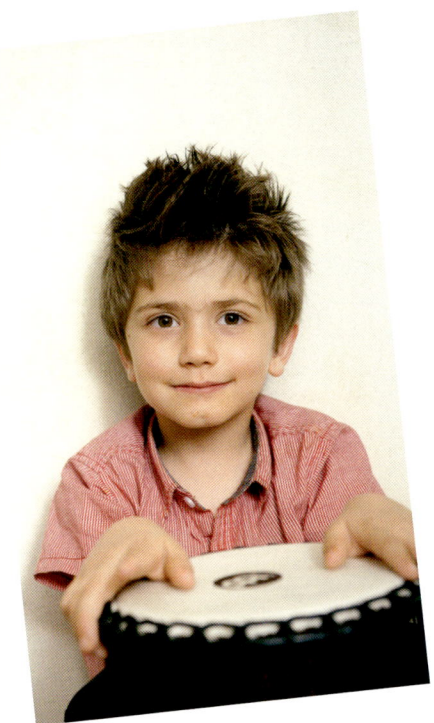

Lieblingsspeisen
Pizza, Reis, Kabab
Lieblingsbeschäftigung
mit ferngesteuertem
Auto spielen
Lieblingstier
Küken
Lieblingsfarbe
Rot

MOHAMMAD MEHDI SHIRKARAMI

»**Mohammad kann alle Zutaten für sein Lieblingsgericht Pizza aufzählen**«, sagt die Mutter des 5-Jährigen. Immer wenn sie in der Küche steht, beobachte er praktisch jeden Handgriff. Und er fragt auch genau nach, wie und warum etwas gemacht wird. So sei er generell vom Charakter her, meinen seine Eltern, aufgeweckt und unglaublich neugierig.

Zu Hause im Iran hat er immer gern in der familieneigenen Bäckerei mitgeholfen. Die Familie stammt aus einem Dorf mit dem Namen I Khosh Ghadam, auf deutsch so viel wie: »Tritt ein, bring Glück herein!« erklärt man uns. Jedes Geschäft verkauft dort nur eine Sorte Brot und ist dafür Spezialist. Mohammad liebt zwar das Lavash-Brot der Familienbäckerei, plant aber – wenn er groß ist – doch eher Polizist zu werden. »Papa musste immer früh aufstehen und lange arbeiten«, das wolle er dann doch nicht, sagt er.

Die Familie ist seit rund einem Jahr in Österreich. Wenn der 5-Jährige mit anderen Kindern zum Spielen in den Park geht, will er am liebsten beide Eltern in nächster Nähe wissen. Gerade weil Mohammad viel über alles nachdenke, sei er manchmal eben auch besorgt, meint der Vater, schließlich ist alles neu.

Zum Beispiel beschäftigt ihn derzeit die Frage, ob die Familie wohl bald eine eigene Wohnung finden wird. Das wünschen sich alle, denn in der Flüchtlingsunterkunft gibt es nur eingeschränkte Kochmöglichkeiten. »Die persische Küche ist die beste der Welt«, sagt die Familie stolz. Mit den vielen Gewürzen und Zutaten sei sie ganz besonders aromatisch, und man könne immer schon von Weitem riechen, was jemand gerade Köstliches zubereite.

Pizza

Klar, dieses Rezept ist nicht wirklich orientalisch. Wir haben es trotzdem hier mitaufgenommen, da die Kinder – unabhängig welcher Nation – auch immer wieder Pizza als eines ihrer Lieblingsgerichte genannt haben.

Für 1 Pizza
(1 Blech ca. 35 x 40 cm)

Teig
1 Würfel Hefe, zerbröselt
250 ml lauwarmes Wasser
oder lauwarme Milch
500 g Mehl
1 EL Salz
1 EL Feinkristallzucker
2 EL Olivenöl

Tomatensauce
500 g frische Tomaten
(oder aus der Dose)
1 kleine Zwiebel, gehackt
2–3 Knoblauchzehen, gepresst
Salz, weißer und
schwarzer Pfeffer
evtl. etwas Currypulver

Belag
1 Pkg. Pizzakäse oder
Mozzarella, Zucchini, Champignons, Paprika, Zwiebeln,
Tomaten, Mais, Oliven, frisches
Oregano, Basilikum, je nach
Geschmack und Saison

Zubereitung

Hefe mit etwas Zucker in circa 60 ml Wasser oder Milch auflösen. Mehl in eine Schüssel sieben. Mit Salz, Zucker sowie Olivenöl vermengen und aufgelöste Hefe dazugeben. Danach so viel Wasser oder Milch dazugeben, bis ein glatter Teig entstanden ist. Etwa 30 Minuten zugedeckt gehen lassen.

Währenddessen für die Sauce Tomaten vierteln, mit einem Mixer zerkleinern und kurz aufkochen lassen. Zurückschalten, Zwiebel, Knoblauch und Gewürze zufügen und ungefähr 20 Minuten auf kleiner Flamme köcheln lassen.

Teig noch einmal durchkneten, mit ein paar Tropfen Öl klebt er weniger und wird geschmeidig. Dann dünn ausrollen oder ausziehen. Auf ein gefettetes Blech geben und die Ecken etwas mit den Fingern andrücken. Nicht zu viel Sauce (Rest eventuell für später aufheben) gleichmäßig darauf verteilen, belegen und zuletzt den Käse darübergeben.

Im vorgeheizten Ofen bei 200 Grad (Ober-/ Unterhitze) 12 bis 15 Minuten backen. Herausnehmen und mit frischen Kräutern und – wer mag – etwas Olivenöl verfeinern.

Kabab-e Kūbïdeh

– Spieß mit Faschiertem –

Kabab, also Spieße, sind aus der persischen Küche nicht wegzudenken. Sie haben aber mit dem türkischen Kebab nahezu nichts gemeinsam. Wer sich im Iran etwas Gutes gönnen möchte, geht in ein Chelou Kababi, ein Grillrestaurant.

Für 4 Portionen

2 große Zwiebeln
1 kg Faschiertes (Hackfleisch; Lamm, Rind gemischt, nicht mager, 3-mal faschiert)
3 TL Kurkumapulver
Salz, Pfeffer

Kabab-Spieße (dünne, flache Spieße)

Zubereitung

Zwiebeln reiben und die geriebene Zwiebelmasse mit der Hand ausdrücken oder sanft gegen ein Sieb auspressen. Den austretenden Zwiebelsaft für Kabab-e Barg aufheben.

Faschiertes mit den Zwiebeln vermischen, Kurkuma, Salz und Pfeffer darüberstreuen und gut kneten. Danach ungefähr 30 Minuten im Kühlschrank ziehen lassen.

Die gut gekühlte Fleischmasse aus dem Kühlschrank nehmen und mit der nassen Hand auf die Spieße aufbringen. Dafür den Spieß vorsichtig längs durch die Masse schieben. Nach Bedarf etwas nachformen.

Die Spieße am heißen (Holzkohlen-)Grill direkt über der Glut ohne Grillrost grillen.

Tipp: Kabab-e Kubideh wird mit Fladenbrot, frischer Petersilie und frischen Gemüsezwiebeln serviert. Es kann aber auch frischer Chelou-Reis (s. Rezept S. 9) dazu gereicht werden.

Bild s. S. 59

Kabab-e Barg

– Filetspieß –

Für 4 Portionen

1 kg zartes Rind- oder
Lammfilet am Stück
Saft von 2 Zwiebeln
Salz, Pfeffer
3 EL Olivenöl

Kabab-Spieße (dünne,
flache Spieße)

Zubereitung

Bei dieser Speise ist die Schnitttechnik besonders wichtig. Barg heißt übersetzt Blatt und bedeutet, dass man das Fleisch so dünn wie ein
Blatt schneiden soll.

Dafür das Filet vertikal auf ein Schneidbrett legen und mit einem ganz scharfen Messer einen
Schmetterlingsschnitt durchführen, diesen immer weiter verfeinern, bis man circa 1 cm starke
Stücke gewonnen hat.

Diese Stücke mit dem Zwiebelsaft, etwas Salz,
Pfeffer und Olivenöl über Nacht im Kühlschrank
marinieren. Unbedingt abdecken, da sonst der
komplette Kühlschrank nach Zwiebeln riecht.

Die vorbereiteten Fleischstücke auf die Spieße
stecken und horizontal auf ein Brett legen, mit
der unscharfen Kante eines großen Messers das
Fleisch klopfen, bis es ganz feine Einschnitte
hat. Auf dem (Holzkohlen-)Grill bei heißer Glut
von jeder Seite ungefähr 4 Minuten grillen.

Man serviert Kabab-e Barg meistens mit Chelou-
Reis (s. Rezept S. 9). Wer mag, kann ein Schäl-
chen mit Sumach auf den Tisch stellen, sodass
man individuell nachwürzen kann.

Djūdje Kabab

– Hühnerspieß –

Für 4 Portionen

1 kg Hühnerfilet
2 Zwiebeln
Saft von 3 Zitronen
2 Knoblauchzehen
3 EL Olivenöl
1 TL rotes Paprikapulver
1 Prise Safran, gemörsert
Salz, Pfeffer

Kabab-Spieße (dünne,
flache Spieße)

Zubereitung

Das Filet in ca. 3 cm große Stücke schneiden. Die Zwiebeln grob schneiden, den Zitronensaft dazugeben, Knoblauchzehen dazupressen. 3 EL Olivenöl, rotes Paprikapulver, Safran, ein wenig Salz und Pfeffer zufügen. Das geschnittene Hühnerfleisch darin einlegen und über Nacht im Kühlschrank ziehen lassen.

Auf Spieße stecken und auf dem (Holzkohlen-) Grill saftig grillen. Mit Chelou-Reis (s. Rezept S. 9), Grilltomate oder Brot servieren.

Variation: Natürlich eignen sich für dieses Gericht auch andere Hühnerteile ohne Knochen.

Zereschk Polo

– Safranreis mit Berberitzen –

Ein wichtiger Bestandteil der persischen Küche ist Duft- oder Basmatireis. Dieser wird nicht als Beilage, sondern als Hauptgericht serviert.

Für 4 Portionen

400–500 g Basmatireis,
je nach Sorte
Salz
¼ TL Safranfäden
1 Prise Feinkristallzucker
3 EL Öl
2 Kartoffeln
3 EL Butter
1 Handvoll Berberitzen
1 Handvoll Röstzwiebeln

Zubereitung

Den mehrmals gewaschenen Reis in kochendem Salzwasser etwa 10 Minuten halbgar kochen, dann durch ein Sieb abschütten und mit kaltem Wasser abschrecken. Die Safranfäden mit Zucker sehr fein mörsern oder mahlen.

Öl in einen Topf geben, die geschälten Kartoffeln in 1 cm dicke Scheiben schneiden und auf dem Topfboden verteilen, den Reis zugeben. Kegelförmig aufschichten und mit gemahlenem Safran bestreuen. Einige Butterflocken darauf verteilen. Den Topf fest verschließen und bei kleinster Hitze den Reis fertig garen. Es entsteht eine Kruste am Boden (Tahdig), die sehr lecker ist (s. a. Chelou-Methode S. 9).

In der Zwischenzeit die Berberitzen waschen und 5 Minuten in kaltem Wasser einweichen. In der restlichen Butter anschwitzen und mit etwas Zucker mischen, die Röstzwiebeln dazugeben und kurz aufkochen. Unter den fertig gegarten Reis mischen.

Berberitzenreis passt gut zu gebratener Hühnerbrust oder Hühnerkeulen.

Fatima (links), Muhadesa (rechts)

Lieblingsspeise

Muhadesa: Reis (z. B. Kabuli)

Fatima: Korma (Eintopf mit Huhn, Lamm oder Rind), Chapli Kabab

Lieblingsbeschäftigung

Muhadesa: Ball spielen

Fatima: Ball spielen

Lieblingstier

Muhadesa: Hund

Fatima: Katze

Lieblingsfarbe

Muhadesa: Lila

Fatima: Lila

MUHADESA UND FATIMA SAMA MIRZAYI

Die beiden Geschwister kommen aus der afghanischen Stadt Ghazni. Sie sind vor knapp einem Jahr gemeinsam mit ihren Eltern und dem älteren Bruder nach Österreich geflüchtet. Die Mutter ist eine leidenschaftliche Köchin und hat uns auch beim Zubereiten der afghanischen Gerichte geholfen.

Kontakt zu ÖsterrreicherInnen hat die Familie noch wenig. Alle haben vor einiger Zeit begonnen, deutsch zu lernen. Der Bruder ist am weitesten, aber auch die 4-jährige Fatima kann immerhin schon fast perfekt auf Deutsch zählen.

Die 11-jährige Muhadesa ist sehr wissbegierig und an allem um sie herum interessiert. Allerdings hat sie es dabei nicht immer ganz einfach, da sie aufgrund einer Hörbehinderung auf Gebärdensprache angewiesen ist. Die Geschwister halten stets fest zusammen und unterstützen die Schwester wo sie nur können.

Muhadesa hat große Zukunftspläne: Sie will einmal als Ärztin arbeiten. Die kleine Schwester weiß noch nicht, was sie später werden möchte. Vom Bruder wird Fatima, zu der alle in der Familie Sama sagen, als einfühlsames und ein bisschen schüchternes Mädchen beschrieben. Beide Schwestern lieben es, bunte und fröhliche Bilder zu malen, mit Häusern, Pflanzen, Tieren und vielen lachenden Gesichtern.

Kabŭlï

Diese Speise aus Reis, Rosinen, Karotten und Lammfleisch ist sehr populär und genießt in Afghanistan den Status eines Nationalgerichts.

Für 4 Portionen

400–500 g Basmatireis,
je nach Sorte
1 kg Lammfleisch, aus der Keule
3 große Zwiebeln, fein gewürfelt
2 TL Garam Masala
Salz, Pfeffer
400 g Karotten, fein gestiftelt
2 TL Feinkristallzucker
120 g Rosinen
100 g Mandelstifte
100 g Pistazienstifte
8 EL Pflanzenöl

Zubereitung

Reis mehrmals mit lauwarmem Wasser waschen und 2 Stunden einweichen. Fleisch in etwa 5 cm große Stücke schneiden. 4 EL Öl in einem Topf heiß werden lassen und die Zwiebeln hinzufügen. Wenn sie glasig sind, Garam Masala, Salz und Pfeffer dazu, kurz anbraten und mit 3 EL Wasser ablöschen. Das Fleisch zugeben und kräftig von allen Seiten anbraten, wieder Wasser hinzufügen und circa 1 Stunde kochen, bis das Fleisch gar ist.

Das restliche Öl in einer Pfanne erhitzen, die Karottenstifte mit dem Zucker karamellisieren, nach ungefähr 8 Minuten die Rosinen hinzufügen und ein wenig mitrösten, bis die Karotten gar sind und die Rosinen prall. Auf einem Teller beiseitestellen. In der gleichen Pfanne Mandel- und Pistazienstifte kurz anrösten und ebenfalls beiseitestellen.

Das Fleisch aus der Brühe nehmen und zugedeckt warm halten. Die Fleischbrühe durch ein Sieb gießen und aufkochen, den eingeweichten Reis hinzufügen und bei kleiner Hitze langsam garen, bis die Flüssigkeit verdampft ist. Fleisch, Rosinen, Karotten und Nüsse auf den Reis setzen, damit alles dämpfen kann. Topfdeckel mit einem Geschirrtuch umwickeln und den Topf damit abdecken, bei niedriger Hitze circa 20 Minuten dämpfen.

Alle Zutaten vom Reis entfernen und einzeln auf einer Platte dekorieren. Zuerst kommen die Fleischstücke in die Mitte, diese werden mit dem Reis bedeckt, danach die Rosinen, die Karottenmischung und zuletzt die Nüsse. Es ergibt ein sehr dekoratives Bild. Dazu wird sehr gerne ein Joghurtdip (s. S. 12) serviert.

Chapli Kabab

Dieses Gericht ist vor allem im Osten Afghanistans sehr populär und wird meist mit Naan-Brot und Reis gegessen. Als Laibchen ist es aber auch für Sandwich- und Burgervarianten sehr beliebt.

Für 4 Portionen
2 Zwiebeln
2 Knoblauchzehen
2 rote Chilischoten
500 g Faschiertes
vom Rind (Hackfleisch)
½ TL Salz
½ TL Koriander
½ TL Garam Masala
evtl. Chilipulver und/oder Pfeffer
nach Geschmack
evtl. 1 Ei (zum besseren Halt)

Öl zum Braten

Zubereitung
Die Zwiebeln, den Knoblauch, die Chilis (ohne Kerne) in einer Küchenmaschine ganz fein pürieren. Mit dem Faschierten sowie den restlichen Zutaten vermischen und gut verkneten. Eventuell 30 Minuten im Kühlschrank ziehen lassen.

Herausnehmen und aus der Masse kleine Laibchen formen. In heißem Öl ungefähr 4 Minuten von jeder Seite anbraten – je nach Dicke –, bis die Laibchen gar sind.

Dazu isst man am besten Fladenbrot, Reis und eingelegte Gemüsesalate.

Ritaj

muhades

Mahdi

Baklava

– Süßes Blätterteiggebäck –

Gefüllt mit gehackten Walnüssen, Mandeln und Pistazien wird Baklava roh in diverse Formen geschnitten oder einzeln gefaltet zusammengelegt, gebacken und noch heiß mit Zuckersirup übergossen.

Für ca. 25 Stück

Baklava
150 g Haselnüsse, gehackt
150 g Walnüsse, gehackt
100 g Mandeln, geschält
und gemahlen
75 g Pistazien, gehackt
2 EL Staubzucker
(Puderzucker)
evtl. ½ TL Zimtpulver
250 g zimmerwarme Butter
450 g Yufka- oder Filo-
teigblätter

Sirup
150 ml Wasser
125 ml Honig
100 g Feinkristallzucker
Saft von ½ Zitrone

Tipp
Statt Yufka- oder Filoteig kann man auch dünn ausgerollten Blätterteig verwenden.

Zubereitung

Haselnüsse, Walnüsse, Mandeln und 50 g Pistazien mit Staubzucker und eventuell Zimtpulver mischen. Butter schmelzen und abkühlen lassen. Eine ofenfeste Backform mit Butter einfetten und den Backofen auf 200 Grad (Umluft 180 Grad) vorheizen.

Alle Teigblätter aufeinanderlegen, dann die ofenfeste Backform umgedreht auf die Teigblätter legen und mit einem scharfen Messer einmal um die Form schneiden. Die ausgeschnittenen Teigblätter mit Butter einpinseln und nacheinander in die Form legen. In der Regel hat man ungefähr 20 Teigblätter in einer Packung. Nach circa 10 Teigblättern (ist variabel) die Nussmischung darauf verteilen. Mit etwas Butter übergießen. Die restlichen Teigblätter darauflegen. Mit einem scharfen Messer zu einem Rautenmuster oder zu Rechtecken schneiden. Mit der restlichen Butter bestreichen und in etwa 20 Minuten auf Sicht goldbraun backen.

Währenddessen das Wasser mit dem Honig und dem Zucker zu einem Sirup kochen. Danach einen Spritzer Zitronensaft einrühren und abkühlen lassen. Das Baklava aus dem Ofen nehmen, ein paar Minuten stehen lassen und dann mit dem Sirup übergießen. Die restlichen Pistazien darüberstreuen und vollständig abkühlen lassen.

Syrien, Afghanistan, Iran, Irak

Orientalische Dattelbällchen

Diese Energy Balls sind eine prima zuckerfreie Alternative zu den klassischen Süßigkeiten und eine tolle Kombination mit einem starken (arabischen) Kaffee. Mit wenigen Zutaten sind sie im Handumdrehen zubereitet.

Für 25–30 Stück

300 g Datteln, entkernt
und gehackt (oder Dattelmus
aus dem Orientshop)
50 g kalte Butter
1 EL Rosenwasser
1 Prise Muskatnuss
1 Pkg. Haselnüsse, ganz
evtl. Wasser oder Apfelsaft

gehackte Pistazien, Mandeln
oder Walnüsse zum Wälzen

Zubereitung

Datteln, Butter, Rosenwasser und Muskatnuss mit der Hand oder in einem Mixer zu einem Teig vermengen. Er sollte eine matschige, nicht allzu klebrige Konsistenz haben. Nach Bedarf etwas Wasser oder Apfelsaft dazugeben. Dann kleine Bällchen formen, eine Haselnuss hineindrücken und den Teig wieder gut verschließen. Dabei können die Hände mit ein wenig Öl oder Butter befettet werden, damit der Teig weniger klebt. Die Bällchen in den gehackten Pistazien, Mandeln oder Nüssen wälzen. Danach in den Kühlschrank stellen.

Tipps

Zucker wird nicht benötigt, da die Datteln eine natürliche Süße haben.

Wer will, kann den Teig noch mit Rosinen und/oder Zimtpulver verfeinern.

Die Bällchen können auch in Kokosraspeln gewälzt werden.

Ma'amouls mit Datteln

– Gefüllte Kekse –

Ma'amoul ist ein traditionelles (Grieß-)Gebäck aus dem arabischen Raum, das mit Nüssen, Datteln, Mandeln oder Pistazien gefüllt werden kann. Es wird besonders gerne zum Zuckerfest nach dem Fastenmonat Ramadan gereicht.

Für 25–30 Stück

Teig
80 g Hartweizengries
250 g Mehl, glatt
1 EL Staubzucker
(Puderzucker)
1 Prise Salz
150 g Butter
50 ml Milch
2 TL Orangen- oder
Rosenblütenwasser

Fülle
350 g Datteln, entkernt
und fein gehackt
1 TL weiche Butter
50 g Walnüsse, fein gehackt
2 TL Rohrrohrzucker
etwas Zimtpulver, Orangen-
oder Rosenblütenwasser

heller und dunkler Sesam
zum Bestreuen

Zubereitung

Hartweizengries, Mehl, Zucker und Salz miteinander in einer Schüssel vermengen. Die weiche Butter in kleine Stücke schneiden und dazugeben. Milch sowie Blütenwasser dazugießen und alles gut verkneten, bis ein weicher glatter Teig entstanden ist. Die Schüssel mit einem Tuch abgedeckt etwa 30 Minuten stehen lassen.

Für die Füllung Datteln, Butter, Walnüsse, Zucker, Zimt und Blütenwasser sowie etwa 2 TL Wasser gut miteinander vermengen und zu kleinen Kugeln formen.

Den Teig nochmals kneten und zu pflaumengroßen Kugeln formen. Mit dem Finger ein Loch hineindrücken, 1 gehäuften TL der Füllung hineingeben und die Öffnung verschließen. Nun mit den Händen oder traditionellen Formen (online erhältlich) Kekse formen.

Die Ma'amouls auf einem mit Backpapier ausgelegten Blech im vorgeheizten Backofen bei 180 Grad auf der mittleren Ebene 10 Minuten auf Sicht hellbraun backen. Abkühlen lassen und mit dunklem und hellem Sesam bestreuen.

Ma'amoûls mit Nüssen

Für 25–30 Stück

Teig
200 g Mehl
½ Pkg. Backpulver
1 EL Staubzucker (Puderzucker)
100 g weiche Butter
1 Ei (stattdessen kann man
auch etwas Milch dazugeben)

oder Grießteig von S. 74
verwenden

Fülle
200 g Walnüsse,
sehr fein gehackt
1 TL Staubzucker
1 TL Rosenwasser

Staubzucker zum Bestäuben

Zubereitung

Mehl, Backpulver sowie Zucker in eine Schüssel geben und mit Butter vermengen. Das Ei hinzufügen und untermischen. Alle Zutaten mit den Händen durchkneten, bis alles gut vermengt ist. Danach den Teig mit einem Tuch bedecken und 1 bis 2 Stunden an einem kühlen Ort ruhen lassen.

Währenddessen die Walnüsse mit dem Zucker und dem Rosenwasser vermengen. Dann den Teig zu gleich großen Kugeln verarbeiten. Anschließend mit der Hand flach drücken und mit 1 gehäuften TL der Walnussmischung füllen. Nun mit den Händen oder traditionellen Formen (online erhältlich) Kekse formen, sodass die Füllung umschlossen ist.

Die Ma'amouls auf einem mit Backpapier ausgelegten Blech im vorgeheizten Backofen bei 180 Grad auf der mittleren Ebene 15 bis 20 Minuten auf Sicht goldbraun backen. Abkühlen lassen und vor dem Servieren mit Staubzucker bestäuben.

Variation
2 bis 3 Äpfel schälen und sehr klein schneiden. Mit 1 TL Zimt und 1 TL Feinkristallzucker vermengen. Etwas Butter in einer Pfanne erhitzen und die Apfelmasse karamellisieren. Abkühlen lassen und den Teig wie oben beschrieben verarbeiten.

Shole Zard

– Safran-Reispudding aus Persien –

Eine klassische persische Süßspeise. Rosenwasser und Safran verleihen diesem Gericht eine echt orientalische Note. Schmeckt sehr lecker.

Für 4 Portionen
200 g Rundkornreis
75 g Butter
¼ TL Safranfäden
120 g Feinkristallzucker
Kardamom, fein gemörsert
Mandeln, gehackt
3 TL Rosenwasser

gehackte Pistazien und Zimt-pulver zum Bestreuen

Zubereitung
Reis in Wasser circa 1 Stunde einweichen. Danach Wasser abgießen und den Reis ein wenig zerdrücken. Den zerdrückten Reis zusammen mit Wasser und Butter in einen Topf geben und für ungefähr 1 Stunde kochen. Immer wieder Wasser hinzufügen, die Konsistenz sollte zum Schluss ein wenig fester als die von Risotto sein.

Den Safran in etwa 2 TL heißem Wasser auflösen. Anschließend mit Zucker, Kardamom, Mandeln (Menge nach Geschmack) sowie Rosenwasser und Mandeln zum Reis geben. Gut umrühren und für weitere 5 Minuten ständig rühren und aufpassen, dass nichts am Topfboden ansetzt.

Anschließend in schöne Schalen füllen und vollständig auskühlen lassen. Danach den Pudding mit gehackten Pistazien und ein klein wenig Zimt dekorieren.

Unser besonderer **Dank** gilt:

Dem **Flüchtlingsfonds der ERSTE Stiftung** für seine finanzielle Unterstützung.

Andreas Groll, der uns die Räumlichkeiten seines Architekturbüros SIGS (sigs.at) für unser Fundraisingparty zur Verfügung gestellt hat und das Projekt finanziell und ideel unterstützt. **Suhaib Zidan** und seinem syrischen Restaurant »Zsam Zsam«. Er hat uns mit Rezeptideen, orientalischen Lebensmitteln und seinem Lokal als Fotolocation geholfen (zsam-zsam.at).

Alfred, Daniela und Elisabeth Grabner, nicht nur weil sie Familie, sondern auch die ersten und treuesten Spender des Vereins »Unity« sind. Dem **Team des Roten Kreuz Wien** (vor allem der ehemaligen Flüchtlingsunterkunft Vordere Zollamtsstraße). Sie haben uns geholfen, Familien für das Projekt zu finden sowie beim Organisieren und Übersetzen.

Karl Heinz Wingelmaier fürs Spendensammeln und den moralischen Support. **Karin Hackl** als Initiatorin von »Taste of Syria«, großartige Künstlerin und Netzwerkerin. **Olivia Clementschitsch** vom KUNST RAUM Villach fürs Vernetzen und vieles Ermöglichen. **Hamed Farag**, den wunderbaren Hummus-Macher mit dem Spitznamen Hamed Hummus, durch den die Idee für dieses Kochbuch entstand.

Allen KünstlerInnen, die mithelfen, das Projekt zum Leben zu erwecken, und ohne die feiern eher langweilig wäre: die **Roth-Zwillinge**, der **Radio Wien Chor** mit seinem Leiter **Rainer Keplinger** (Mitbegründer des Vereins Unity), das **Ensemble Afghan** mit dem Musiker **Sobeir Bachtiar**, der Maler **Rahman Hak-Hagir**. Und dem Weinkünstler **Gerhard J. Lobner** für seine großzügige Weinspende. Dem **ORF Wien** und der **Landesdirektorin Brigitte Wolf**.

Allen orientalischen Familien, die geduldig mit uns gekocht und sich für die Fotoshootings Zeit genommen haben. Wir haben alle viel voneinander gelernt. Die Kärntner Gemeinde Krumpendorf, speziell **Matthias Köchl**, **Christian Salmhofer**, **Hans-Peter Premur** und der Initiative »Lust auf Gerechtigkeit«. Dem Leiter des Bezirksgerichts Meidling, **Oliver Scheiber**, für die Unterstützung des Projekts und sein unermüdliches Engagement für Gerechtigkeit.

Maria Tutschek-Landauer und **Doris Guttmann** (ichkoche.at) für die Überlassung des Kochstudios zum Kochen und Fotografieren einiger Rezepte. Apropos kochen: In diesem Zusammenhang schicken wir ein ganz dickes Bussi an **Hayedeh Navid**, die zusammen mit ihrer Tochter Hirsa so wunderbare orientalische Gerichte auf den Tisch gezaubert hat. **Daniel Kravina**, der uns gleich mehrere Male sein Lokal »Andante« (andante.at) zum Kochen und Shooten überlassen hat. **Marietta und Mustapha** vom »L'Orient« (lorient.at) für die Bereitstellung von orientalischen Utensilien und Accessoires.

Allen nicht namentlich genannten HelferInnen und UnterstützerInnen, die dieses Projekt ermöglicht haben.